AF455551

NOTES ET SOUVENIRS SUR

CHARLES MERYON

MERYON ARTISTE — MERYON POÈTE

SON TOMBEAU

PAR

AGLAUS BOUVENNE

AVEC DIX-NEUF DESSINS ET SIX GRAVURES HORS TEXTE

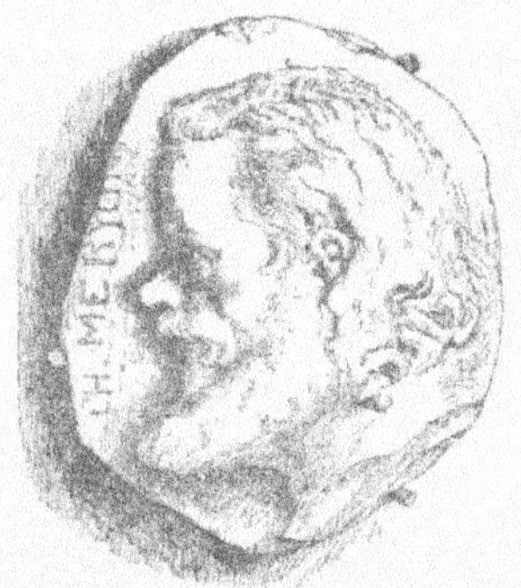

PARIS. CHARAVAY FRÈRES ÉDITEURS
4 rue de Furstenberg
1883

NOTES ET SOUVENIRS

SUR

CHARLES MERYON

CHARLES MERYON

D'APRÈS L'EAU-FORTE ORIGINALE DE BRACQUEMOND

PHOTOGRAVÉE PAR LEMERCIER

REPRISE À L'EAU-FORTE PAR L'AUTEUR

NOTES ET SOUVENIRS SUR

CHARLES MERYON

SON TOMBEAU

AU CIMETIÈRE DE CHARENTON SAINT MAURICE

PAR

AGLAUS BOUVENNE

AVEC UN AUTOGRAPHE, DES DESSINS INÉDITS, DES PORTRAITS DE MERYON ET DES GRAVURES

DE BRACQUEMOND, BOUVENNE, FOCILLON ET GACHET

PARIS. CHARAVAY FRÈRES LIBRAIRES ÉDITEURS
4 Rue de Furstenberg
1883

CHARLES MERYON

Le 15 février 1868, un groupe d'amis fidèles, — c'est à dire que ce groupe était petit, — conduisait à sa dernière demeure un homme modeste, simple et bon qui, à des titres divers avait utilement et vaillamment servi son pays.

De brave marin qu'il avait été d'abord il devint l'artiste de grand mérite qui illustra Paris par la reproduction à l'eau-forte de plusieurs de ses plus intéressants monuments.

En ce temps, peu éloigné de nous pourtant, un homme de talent pouvait disparaître presque sans que l'on s'en doutât. Aujourd'hui quand s'efface une personnalité, de mince valeur souvent, la presse embouche ses cent trompettes, vante les mérites du défunt, catalogue ses œuvres, depuis longtemps oubliées, grave son portrait en tête de ses feuilles illustrées, fait tout enfin pour prouver qu'un grand homme vient de mourir !

Quant à celui dont nous nous occupons, deux ou trois journaux à peine annoncèrent sa mort et je ne sache pas qu'aucune publication du moment ait édité son portrait.

Indifférence pénible à constater, car celui qui venait de s'éteindre, Charles Meryon, avait été un homme de grand cœur et un artiste hors ligne.

Les quelques amis qui le conduisaient au cimetière de Charenton Saint-Maurice s'arrêtèrent tristes et pensifs devant ce trou béant où tout ce que nous aimons le plus au monde doit s'engloutir pour toujours.

Un de ses compagnons, le commandant de Salicis prononça les paroles que nous sommes heureux de reproduire, paroles pleines de cœur, palpitant de l'émotion vraie de l'homme qui dit un éternel adieu à celui qu'il a connu, qu'il a apprécié comme ami, comme compagnon, comme artiste :

« L'éminent artiste vient terminer sa première existence là, dans cette froide fosse ; pour nos yeux il n'est déjà plus ; mais, dès à présent, il prend sa place dans l'histoire de l'Art. Rien en effet ne lui a manqué de ce qui fait les illustres, la souffrance pas plus que le talent.

« Dominé, poussé par le Dieu caché, Meryon lui a tout sacrifié ; visions de jeunesse, carrière enviée, patrimoine, santé, raison ; tout, ai-je dit, oui, tout ! excepté la probité, l'honneur de l'âme.....

« Au fond de cette pauvre barque agitée, à tout instant submergée et courant au naufrage, chantait un oiseau blanc : la Conscience

« Cessons donc aujourd'hui de plaindre celui qui s'est appelé Meryon dans la misère ; il se nommera Meryon dans la célébrité, dès que la

TOMBEAU DE KERVYN A CHARENTON SAINT-MAURICE

meilleure part de lui-même aura repris sa place dans l'éternelle et sereine lumière. Que si, comme toute créature, il portait fatalement en soi quelque trait de l'imperfection humaine, la vie aura été pour lui plus que pour personne le temps des rudes épreuves.

« Toute expiation est certainement d'avance accomplie, et dans le monde inconnu d'au-de-là, le moindre des bonheurs qui le puissent attendre sera celui qu'il a toujours envié sans le trouver jamais : le repos..... »

Tous, sous l'impression triste des paroles émues de M. de Salicis, se retirèrent emportant un souvenir ineffaçable de ce dernier adieu...

Celui qui avait été à même d'apprécier cette âme d'élite, celui qui avait vécu de sa vie de bord sur le navire *le Rhin,* ne voulut pas que son ami reposât seulement sous une couche de terre ; il voulut que Meryon eût son tombeau.

Il fit venir de Bretagne une pierre noire qu'il fit tailler en table reposant sur quatre dés de pierre blanche.

Le choix de cette couleur n'est-il pas une allusion à la vie triste de son cher ami ?

Tout n'était pas terminé. M. de Salicis voulut que la tombe de Meryon arrêtât discrètement l'hommage des rares passants du petit cimetière et que chacun pût comprendre en le voyant qu'un homme, un artiste reposait là.

Il y avait dans le groupe de fidèles un graveur d'un rare mérite, M. Bracquemond qui, lui aussi, avait été un ami pour Meryon ; c'est lui qui comprit et compléta la pensée de M. de Salicis en gravant une lame de cuivre de 118 c. de haut sur 22 c. de large qui fut mise sur le plat de cette pierre noire.

Cette gravure est une allégorie rappelant la profession de Meryon : en haut une tête de mort, symbole du départ d'ici-bas, au-dessous, presque croisés, deux flambeaux éteints, la date de la naissance et de la mort de l'artiste ; au milieu une branche de lauriers dont les feuilles supportent une plaque, un burin, une pointe, le flacon ; tous les instruments du métier de graveur aquafortiste ; au bas M. Bracquemond a eu l'heureuse pensée de mettre le navire des armes de la ville de Paris tel que Meryon l'avait inventé et dessiné.

Il voulait sans doute par cette image rappeler que Meryon, quoique d'origine anglaise, était essentiellement parisien par le talent et par le cœur.

M. Bracquemond n'a-t-il pas été un peu l'architecte de ce tombeau élevé à l'une des gloires parisiennes?

Aujourd'hui le tombeau du pauvre Meryon est bien négligé : quelques changements ont été faits dans le cimetière, le mur qui servait d'appui à la tombe a disparu; il a été reculé pour pratiquer un large chemin carossable, l'allée où sont les tombes est en contre-bas et envahie par les herbes, la lame de cuivre traductrice d'une idée si touchante et si ingénieuse est oxydée au point qu'on ne peut plus en distinguer les entailles.

Combien le pauvre Meryon a-t-il passé d'années courbé sur le cuivre, quelquefois rebelle, dont de pieuses mains ont couvert son tombeau (1)?

Il repose sous ce même métal qui lui a causé tant de joie et qui lui a donné des tourments imaginaires et tant de déceptions.

Charles Meryon naquit à Paris le 23 novembre 1821; il était fils de M. C. L. Meryon, médecin anglais, et d'une espagnole nommée Pierre Narcisse Chaspoux.

Il se destina de bonne heure à la marine; il entra quarantième en 1837, à l'École navale de Brest d'où il sortit deux ans après avec le numéro douze, comme élève de deuxième classe; il voyagea, visita Alger, le Pirée; c'est d'une station qu'il fit dans ce dernier lieu que datent ses premiers croquis, c'est à cette époque qu'on peut signaler la naissance de sa vocation pour les beaux-arts.

En 1840, il stationna à Toulon et reçut des leçons de M. M. V.

1. De cette planche gravée par M. Bracquemond il n'a été tiré que deux épreuves; l'une d'elles est entre les mains de M. de Salicis, l'autre M. Bracquemond l'avait donnée. L'auteur s'en est rendu acquéreur pour la somme de 130 francs à une vente qui se fit à Londres en 1876.

CHARLES
MERYON
Le 23 Novembre 1821
Le 14 Fevrier 1868

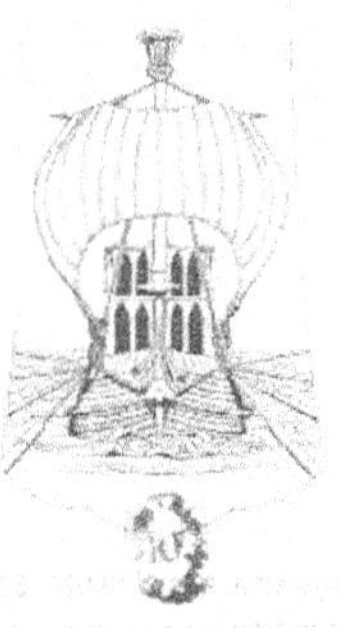

Cordouan, peintre de marine «fort aquarelliste», dit Meryon dans sa lettre à M. Delaunay. Ce n'est certes pas à cette école qu'il apprit ce qu'il sut plus tard.

Meryon fit comme tous les jeunes gens attirés vers l'art : il voulut devenir peintre, mais ne fit pas et ne put pas faire ce qu'on est convenu d'appeler des études sérieuses.

En 1842, il s'embarqua sur la corvette *le Rhin ;* un voyage de circumnavigation sous les ordres du capitaine Bérard lui fit connaître alors la Nouvelle-Zélande, la Calédonie, d'où il rapporta des croquis qu'il grava plus tard pour l'album qu'il préparait sur ses voyages.

Ici peut se placer cette anecdote bien typique, que m'a racontée M. de Salicis :

Meryon était aspirant de marine sur le navire *le Rhin*, alors en station dans la baie d'Akaroa, presqu'île de Banks, Nouvelle-Zélande : le capitaine Bérard ne voulait pas que les aspirants descendissent à terre dans le canot du commandant. Était-ce rigueur exagérée de la discipline, était-ce désir d'empêcher de trop fréquentes excursions qui pouvaient avoir leurs dangers, on ne sait.

Toujours est-il que les aspirants résolurent d'avoir leur canot à eux. Le capitaine permit de construire une embarcation, croyant peut-être que ce beau projet ne serait point exécuté.

Il comptait sans l'initiative, le courage et la volonté de Meryon.

Meryon choisit lui-même un des grands arbres de la forêt, le fit abattre et, presque seul, aidé des conseils de M. de Salicis, travaillant avec une activité étonnante, maniant courageusement les lourds outils du charpentier, il put au bout de trois mois mettre à l'eau une pirogue de cinq mètres de longueur en tous points irréprochable. Le jour où l'embarcation fut lancée, on alla prévenir le commandant Bérard, qui fut si émerveillé de la finesse, de la légèreté du canot de Meryon, qu'il sentit ses yeux se mouiller de larmes.

A son retour en France, vers 1842, il voulut que le bateau sorti des mains de l'enseigne de vaisseau Meryon fût déposé dans l'arsenal de Toulon ; nous voulions donner une reproduction de ce chef-d'œuvre de Meryon, mais nous avons acquis la certitude que le canot n'avait pas été conservé.

Il a disparu pour toujours !

Si le souvenir de Meryon est effacé dans l'arsenal de Toulon, il n'en est pas de même au muséum de Paris où l'on voit le moulage d'une baleine australe capturée dans la baie d'Akaroa, presqu'île de Banks, Nouvelle-Zélande. Ce modèle, exécuté par Charles Meryon sur nature et réduit au huitième, porte sur l'un de ses flancs la signature du marin devenu illustre graveur.

Meryon était d'une complexion délicate et son tempérament était nerveux à l'excès, tendance fâcheuse qui ne put que se développer sous la pression de sa mère ; sa mère était espagnole, peut-être lui dut-il le côté exalté de sa nature.

Notre ami le docteur Gachet qui a beaucoup connu Meryon, qui a eu le plaisir de le recevoir chez lui, qui fut plusieurs fois son hôte, — et c'était chose difficile de décider Meryon à accepter une invitation, si cordiale qu'elle fût, — le docteur Gachet, dis-je, veut bien me communiquer quelques notes qu'il avait prises sur Meryon :

« Meryon était de petite taille, d'un tempérament assez bilieux et nerveux, sec et comme ratatiné sur lui-même, simple dans sa mise ; ombrageux et circonspect dans son regard, il évitait les plaisirs et les camarades, aimant la solitude et le travail. Nature maladive et triste, il était sobre, mangeait peu, buvait encore moins, paraissant toujours inquiet et en proie à une suggestion quelconque. On eût dit qu'il était absent de lui-même, comme parfois il paraissait absent de la société où il se trouvait. Du reste il n'aimait pas le monde. Plusieurs fois il est venu dîner à la maison, mais toujours avec la plus grande circonspection et après maintes hésitations. Le peintre A. Gautier avait quelque influence sur lui et il lui plaisait ; c'est avec lui qu'il venait à la maison et ce n'est qu'avec beaucoup de difficultés que j'ai obtenu, A. Gautier aidant, les eaux-fortes sur Paris, par deux à la fois.

« Meryon paraissait toujours en proie à une idée qui l'obsédait ; il avait promis de nous faire connaître la cause de ses tristesses.

PORTRAITS DE MERYON FAITS A DIFFÉRENTES ÉPOQUES DE SA VIE
PAR LE DOCTEUR GACHET SON HOTE ET SON AMI

C'est sans doute là le point de départ de sa maladie mentale.

« C'en fut l'origine : il se trouvait malheureux, se croyait seul sur la terre entouré de gens malveillants.

« C'était une nature sensible, droite, délicate, mais son cerveau était imparfaitement équilibré.

« L'art pour lui n'existait qu'à l'état de fétiche, d'idéal, on ne devait pas y toucher. Il n'y avait pas d'artistes; c'était trop difficile. Lui n'était rien : il ne fallait pas lui dire qu'il faisait bien, qu'il avait du talent; faire son éloge devant lui c'était presque s'en faire un ennemi.

« On pouvait aspirer à l'art, on pouvait désirer, c'était tout.

« Certaines choses lui faisaient horreur : l'eau par exemple; il n'aimait pas y penser et ne s'en cachait pas. Un jour que je lui demandais s'il n'avait pas fait de marine ou de ports de mer, il me répondit qu'on ne devait pas reproduire l'eau, que la vue, le voisinage de l'eau était quelque chose de sinistre, de dangereux; cette idée était bien ancrée chez lui et, dès que l'on parlait eau devant lui, sa figure prenait un air triste et lugubre. »

Ce qui est certain, c'est que Meryon était doué — on pourrait peut-être dire affligé — d'une sensibilité excessive. Sa nature était tellement impressionnable, que racontant, homme mûr, certains petits évènements de sa jeunesse, de son enfance même, il semblait, grâce aux mouvements nerveux qui l'agitaient, ressentir encore et dans toute son intensité l'émotion éprouvée il y avait bien des années.

En 1846 il revint à Paris : enthousiasmé par ses souvenirs de voyages, hésitant encore et cherchant sa voie, il ne percevait bien clairement qu'une chose en lui-même : le désir de devenir un artiste.

Comme tous les gens livrés à leur inspiration propre et tourmentés par l'irrésistible vocation, il commença un peu par où on doit finir; il voulut faire de la peinture, il entreprit alors un grand tableau : l'assassinat de Marion Dufrène, capitaine de *Brulot*, à la baie des îles dans la Nouvelle-Zélande, le 12 août 1772. Il sentit bientôt l'insuffisance de ses études préparatoires.

Le carton qu'il exécuta pour ce tableau fut admis à l'Exposition de 1848 (1).

Il ne s'en tint pourtant pas à ce premier essai et voulut faire une tentative nouvelle. Il s'agissait cette fois d'une allégorie du moment (1848).

Ce fut probablement la dernière fois qu'il prit les pinceaux.

Il songeait sans cesse aux dessins qu'il avait faits d'après nature ; la pensée de les fixer d'une façon durable, de les réunir en un tout, d'en faire un album, devait prendre chez lui le caractère d'une idée fixe.

Le hasard lui fit rencontrer M. Eugène Bléry, un graveur de talent ; c'est lui qui lui donna les premières notions de la gravure à l'eau-forte ; il se mit alors à gratter le cuivre, il fit quelques copies très remarquables, entre autres, d'après Zeeman qui fut vraiment son maître, une copie du pavillon de Mademoiselle, d'une merveilleuse fidélité. Il vit Bourges, la ville maussade ; il en rapporta des croquis qu'il utilisa plus tard dans son eau-forte de la *rue des Toiles*.

L'album de son voyage de circumnavigation fut le rêve de sa vie ; il a gravé plusieurs planches qui devaient en faire partie et qui furent mises dans le commerce; cette concession fut-elle le résultat d'une fantaisie, une tentative de son esprit inquiet ou fut-elle imposée à sa fierté par la nécessité de vivre : on ne sait.

M. de Salicis, que je dois remercier ici de sa courtoisie et de son bon accueil, a bien voulu me montrer ses cartons ; ils sont pleins de dessins de son malheureux ami. Ces dessins seraient curieux à faire connaitre; il y a là une suite remarquable de types de zélandais faits d'après nature qui sont d'un grand intérêt.

Les dessins que Meryon fit d'après nature et qu'il grava plus tard

1. Il est aujourd'hui entre les mains d'un ami de Meryon, M. le docteur Folley, qui a bien voulu consentir à nous le laisser reproduire pour notre publication ; c'est un dessin au crayon noir, d'une grande simplicité, d'une grande allure, et qui fait honneur à Meryon. Le dessin est bien composé, mais nous croyons que Meryon n'aurait pu se tirer d'affaire s'il avait donné suite à son projet de l'exécuter à l'huile.

pour ses vues de la Nouvelle-Zélande sont le plus souvent d'une exécution timide et mâle à la fois ; il y a dans cette série deux grandes feuilles sur lesquelles sont collés une cinquantaine de petits navires presque microscopiques qui sont tous plus remarquables les uns que les autres. Là aussi se trouvaient les dessins faits sur nature à Bourges d'après d'anciennes maisons du xve au xvie siècle ; ils sont tous d'une fermeté remarquable ; ils joignent à la précision des desssins d'un architecte, la force des dessins de Viollet-le-Duc. Là, Meryon est maître de lui, maître de son crayon !

Installé définitivement à Paris, en pleine possession de lui-même, Meryon commença ce cahier si intéressant où sont reproduits les vieux monuments de Paris.

Avec son imagination ardente, avec sa nature poétique empreinte de mélancolie, il donnait à chacune de ses reproductions, si irréprochablement fidèles, une physionomie qui leur était propre : une planche de Meryon, c'est plus que le monument qu'elle représente, c'est sa biographie, son histoire, sa vie.

C'est alors qu'il eut à supporter, pauvre grand artiste qu'il était, les déboires réservés aux grands artistes. Cette suite si remarquable, si justement appréciée aujourd'hui, dédaignée alors, restait chez les marchands, se vendait rarement et lentement ; Meryon pendant ce temps végétait et souvent manquait du nécessaire.

C'est alors aussi qu'il lui vint cet encouragement suprême qui console l'artiste de toutes ses misères ; le plus grand génie de notre époque, Victor Hugo, l'avait vu et l'avait compris.

Il écrivait à M. Ph. Burty, une longue lettre dont ce dernier a publié un fragment dans la *Gazette des Beaux-Arts* (1).

« Ces eaux-fortes sont de magnifiques choses, il ne faut pas que cette belle imagination soit chatiée de la grande lutte, qu'elle soit livrée à l'infini, tantôt en contemplant l'Océan, tantôt en contemplant Paris. Fortifiez-le par tous les encouragements possibles. Le souffle de

1. 1er juin et 15 juillet 1863.

CROQUIS EXTRAITS DE L'ALBUM DE MERYON

l'immensité traverse l'œuvre de Meryon et fait de ses eaux-fortes plus que des tableaux, des visions. »

Plus tard Victor Hugo écrivait aussi à Ch. Baudelaire qui lui avait envoyé une eau-forte de Meryon, vraisemblablement l'abside de Notre-Dame de Paris :

« Hauteville-House, 29 avril 1860.

« Vous m'avez envoyé, cher poète, une bien belle page : je suis tout heureux et très fier de ce que vous voulez bien penser des choses que j'appelle mes dessins à la plume (1).

« J'ai fini par y mêler du crayon, du fusain, de la sépia, du charbon, de la suie, et toutes sortes de mixtures bizarres qui arrivent à rendre à peu près ce que j'ai dans l'œil et surtout dans l'esprit. Cela m'amuse entre deux strophes.

« Puisque vous connaissez M. Meryon, dites-lui que ses splendides eaux-fortes m'ont ébloui sans la couleur, rien qu'avec l'ombre et la lumière, le clair obscur tout seul et livré à lui-même : voilà le problème de l'eau-forte. M. Meryon le ressent magistralement, ce qu'il fait est superbe ; ses planches vivent, rayonnent et pensent. Il est digne de la page profonde et lumineuse qu'il vous a inspirée (2).

« Vous avez en vous mon cher penseur, toutes les cordes de l'art ; vous démontrez une fois de plus cette loi, que dans un artiste le critique est toujours égale au poète. Vous expliquez comme vous peignez, *granditer*.

« Je vous serre la main. « Victor Hugo. »

C'était un encouragement pour ce pauvre Meryon ; cette lettre n'était-elle pas faite pour le faire croire à son grand talent, et espérer un avenir meilleur ?

1. *Salon de 1859*, *Curiosités esthétiques*, page 338 (œuvres complètes).

2. *Salon de 1859*, *Curiosités esthétiques*, page 336 (œuvres complètes).

Meryon écrivait au poète Charles Baudelaire (1) :

« Paris, 23 février 1860.

« Cher Monsieur,

« Je vous envoie un cahier de mes vues de Paris. Comme vous le pouvez voir, elles sont bien imprimées sur chine, collé sur papier vergé, par conséquent de bonne tenue. C'est de ma part une faible marque de reconnaître le dévouement dont vous avez fait preuve pour moi (2).

« Cependant, j'ose espérer qu'elles serviront parfois à fixer votre imagination curieuse des choses du passé. Moi-même qui les ai faites à une époque, il est vrai, où mon cœur naïf était encore près de soudaines aspirations vers un bonheur auquel je croyais pouvoir prétendre, je revois quelques-unes de ces pièces avec un véritable plaisir. Elles peuvent donc produire le même effet sur vous qui aimez aussi à rêver.

« Je n'ai point encore terminé les notes que je vous ai promis de faire pour aider votre travail ; en tout cas, j'irai vous voir bientôt pour en causer encore. Comme l'éditeur recule devant les démarches qu'il y aurait à faire, dit-il, pour le placement des dites pièces, il n'y a rien qui presse. Ainsi que cela ne vous inquiète pas.

« Adieu, Monsieur, j'espère qu'avant votre départ je pourrai profiter du bienveillant accueil que je reçois de vous.

« Je suis votre très humble et très dévoué serviteur.

« C. Meryon.

« Je vais m'occuper du placement des suites auprès des personnes qui ont, sur votre recommandation, l'extrême bonté de s'intéresser à cette œuvre.

« Meryon, 20 rue Duperré. »

1. Charles Baudelaire, *Souvenirs-correspondances bibliographiques suivis de pièces inédites.* Paris, René Pincebourde, 1872, pp. 100-102.

2. Charles Baudelaire s'était ardemment employé à faire acheter par le Ministère des exemplaires des vues de Paris de Meryon ; il avait réussi.

Baudelaire s'était même proposé pour écrire une introduction au cahier de ces chefs-d'œuvre sans acheteurs du vivant de l'auteur et aujourd'hui hors de prix.

Il en est des hommes comme de certaines combinaisons, de certains évènements qui arrivent trop tôt : devançant leur heure, ils sont quelquefois en avance sur le cadran de l'humanité.

Charles Baudelaire écrivant sur Paris avec des eaux-fortes de Meryon, n'était-ce pas complet ?

Une lettre de Meryon, donnée par M. Ph. Burty dans son travail sur ces dernières, est trop intéressante à plusieurs titres pour n'être pas reproduite ici.

« Cette lettre fut écrite en janvier 1865 à M. Léon Godart, auquel Meryon avait envoyé des eaux-fortes et dont il avait parlé dans son journal, *La propiété litteraire et artistique* :

« Vous avez dit aussi quelques mots de mon passé comme officier de marine. Je n'ai porté l'épaulette que peu de temps ; je l'ai déposée parce que je ne me sentais pas assez solidement construit, tant au physique qu'au moral, pour commander en toutes circonstances à des hommes que je considère la plupart comme les plus dévoués, les plus honnêtes, les meilleurs qu'on puisse rencontrer. C'est avec un profond sentiment de sincérité que je m'honore d'avoir passé la meilleure partie de ma jeunesse au milieu de tels hommes, officiers et matelots. La cause ci-dessus, jointe aux penchants naturels que j'ai toujours eu pour les arts, m'a fait me hasarder sur la route où je chemine aujourd'hui.

« Je vous remercie beaucoup de tout ce que les quelques lignes que vous avez écrites dans *La propriété littéraire* expriment d'élogieux et d'honorable pour moi ; mais je pense que vous me jugez beaucoup trop favorablement. Tout en ayant moi-même la conscience des bonnes qualités que peut avoir mon œuvre, je sais mieux que personne son côté faible, le manque de la perspective aérienne. Le trop de dureté dans l'exécution, de fidélité dans les détails, sont d'autres défauts saillants que vous n'avez pas indiqués, peut-être pour me laisser jouir pleinement des compliments que vous me faites ; je veux donc n'accepter qu'une partie de vos éloges : me les approprier tous serait m'exposer à de justes et pénibles déceptions. »

Voilà certainement une lettre qui fait honneur à son auteur.

Dans une autre lettre que Meryon a écrite à M. Ph. Burty au sujet des difficultés qu'il a surmontées pour exécuter sa grande vue de San Francisco, qu'il grava en 1856, il entre dans des explications de métier qui sont intéressantes; il écrivit aussi plusieurs lettres curieuses à M. Benjamin Fillon, lorsque celui-ci lui fit faire, pour *Poitou et Vendée*, plusieurs portraits qui sont certainement la partie faible de son œuvre. Il était déjà bien tourmenté; ses lettres constatent que son cerveau était malade ; il se laisse aller à des fantaisies qu'on pourrait qualifier de folies.

Une autre lettre de Meryon, qui n'est autre qu'une autobiographie, fut adressée à M. Léon Delaunay, secrétaire de la commission des beaux arts à l'exposition d'Alençon (1). Meryon sortait de Charenton où il avait passé quatorze mois. Sa lettre donne sur sa vie des notes intéressantes : il voit toujours des ennemis autour de lui ; mais un des points importants, celui qui peut-être a fait sombrer sa grande intelligence, c'était toujours cette idée constante : son acte de naissance irrégulier. Ne serait-ce pas là la raison qui l'aurait fait quitter la marine française? Voici quelques extraits de cette lettre, datée du 29 mai 1865 : « Il résulte de là et d'autres causes encore provenant de circonstances de ma naissance dont j'ai dit quelques mots plus bas, que dans le corps d'état des graveurs, la plupart n'ont voulu m'admettre, qu'on m'a contesté et me conteste encore mes œuvres, qu'on a nié ma personnalité, et qu'on a même été plusieurs fois jusqu'à me dire mort pour motiver cette fraude et l'exécuter ; je vois qu'on se sera appuyé de ce prétexte, que le nom que je porte ne m'appartient pas, quoique la teneur de mon acte de naissance me l'accorde dûment.

« Je dois vous dire ici qu'à cette pension dont je parle (pensionSavary, aujourd'hui institution Aubert Savary), j'étais connu sous le nom de

1. Lettre publiée par M. Anatole de Montaiglon dans les *Archives de l'art français*, 1877, p. 380.

Gentil, n'ayant pris celui de Meryon que lorsque je commençai ma carrière de marin ; ce nom est celui d'une famille résidant en Angleterre, et de l'un de ses membres les plus anciens, M. C. L. Meryon que je crus longtemps mon père, mais qui n'a été, je pense, que mon tuteur : la teneur de mon acte de naissance m'autorise à porter ce nom, et consentement m'a été confirmé récemment sur la proposition que je fis moi-même de me désister si ce devait être une cause de préoccupation pour lui, de préjudice pour moi (par M. C. L. en personne), de telle sorte que je me considère comme pouvant repousser contestations qui surgiraient dorénavant, résultant d'arrière-pensées encore cachées sous cette autorisation.

« D'ailleurs, ce nom, je prétends l'avoir dûment acquis par mes œuvres qui me sont toutes personnelles, et je dirai même que le genre de ma vie, tant passée que présente, en justifie assez bien, ce me semble, la composition étymologique. »

Meryon n'a-t-il pas cherché plus tard par un rébus à donner raison à cette soi-disant étymologie ?

M. Anatole de Montaiglon, qui a publié cette lettre, (1) cite un fait qui a une grande importance et qui prouve que le pauvre Meryon était véritablement fou.

La grande intelligence restait lucide pour ce qui concernait l'art qu'il aimait par-dessus tout, mais sa raison était voilée souvent et le malheureux semblait perdu dans un cauchemard.

« J'étais un jour au cabinet des Estampes et je trouvai sur le bureau de Monsieur Arnauldet, dont Meryon parle précisément dans nos lettres, l'épreuve toute nouvelle et que Meryon venait de terminer pour l'offrir à M. Niel ; celui-ci, comme plus tard M. Benjamin Fillon, est au nombre des personnes qui se sont le plus intéressées à lui, qui l'ont le plus aidé et servi de la seule manière dont on pût lui faire accepter de l'être ; comme il avait, à diverses reprises, obtenu pour lui quelques souscriptions à sa belle suite parisienne, Meryon avait

(1) *Nouvelles Archives de l'Art français*, 1877, p. 463.

voulu l'en remercier en faisant une gravure qui lui fût toute personnelle; et il avait fini par graver une très belle miniature détachée d'un manuscrit du xve siècle et que M. Niel possédait.

« L'auteur, à genoux, présentait son livre à un seigneur assis sous un dais et entouré de ses officiers et de ses domestiques, avec la porte ouverte sur la campagne, les personnages éloignés, le chien obligatoire et le ramage des tentures; on voit d'ici l'aspect de la composition. Frappé comme je l'étais, non pas du mérite de la pointe, mais de quelque chose de plus rare, la merveilleuse exactitude du sentiment, du dessin et des costumes, j'en parlai à Arnauldet et je lui disais combien, à voir cette planche si inattendue et si surprenante, Meryon ferait un chef-d'œuvre d'après les deux grands Stuerbout de Bruxelles; Meryon revint au bureau de M. Arnauldet, celui-ci me présenta, et, comme je n'avais rien à retrancher des éloges que je venais de faire de lui, sans savoir qu'il fût si près, je les lui répétai, en insistant sur mon étonnement de lui avoir vu si bien comprendre du premier coup le sentiment et le costume d'une époque qu'il n'avait pas étudiée auparavant; il me laissa parler, me regardant très fixément comme pour voir s'il y avait chez moi autre chose que de l'exagération polie; et quand il fut bien sûr de ce qui était, c'est-à-dire de la parfaite sincérité, et sur ce point de la compétence de mon éloge, il prit la parole, et, avec une ardeur de plus en plus rapide et fébrile, il nous expliqua pourquoi il avait réussi. C'est qu'il savait tout ce que disait, tout ce que pensait, ce qu'était chacun de ces personnages, ce qui avait précédé et ce qui suivait, leurs amitiés et leurs haines, le détail enfin de toutes ces vies dont la scène qu'il avait gravée n'était qu'un point. Aussi dans cette œuvre où il n'avait rien modifié, rien ajouté, sa folie invisible, dans le travail était ce qui l'avait inspiré et qui avait conduit sa main. Rien de plus fou que le roman qu'il nous raconta, mais rien de plus déduit, de plus net, de plus vivant, et cela avec une éloquence heurtée, mais pleine d'éclairs, et toujours remarquablement intelligente. Nous ne disions rien, bien entendu; approuver, c'était l'encourager dans cette voie; le contredire, c'était l'y exaspérer; nous écoutions, troublés à la fois et intéressés quand, après une heure et à bout de forces, il se sauva plutôt qu'il ne nous quitta, sans nous laisser le temps de lui rien dire. Comme dans ces conditions on ne doit voir un homme qu'avec la possibilité de lui faire du bien, et que, pour cela, il faut avoir une influence, même momentanée, qui ne résulte que du temps, je ne cherchai pas à le revoir, et le hasard fit que nous ne nous sommes jamais rencontrés.

Voici l'autre trait que m'a conté M. Péquegnot : celui-ci, qui demeurait alors du côté des Gobelins, était son ami depuis longtemps, et, à un moment, Meryon se mit à venir fréquemment chez lui ; il y apportait ses planches, il y gravait, il y faisait mordre, il y restait volontiers à diner, ce qui faisait le plus grand plaisir à son hôte.

Meryon était alors dans le moment où il considérait qu'il était honteux pour l'homme de céder aux nécessités de la nourriture et du sommeil et se refusait à peu près l'un et l'autre; aussi, à un moment, il ne se déshabillait pas, couchait debout contre un mur entre deux planches dans lesquelles il passait des cordes pour ne pas tomber. On conçoit le bel effet pour sa santé, et quand, chez M. Péquegnot, après avoir travaillé, il consentait à rester et qu'on lui faisait boire du bouillon ou manger de la viande, c'était un vrai bonheur d'avoir gagné cela sur lui, et l'on trouvait qu'il ne venait jamais assez. Mais, un jour, il entra dans une colère désespérée, partit, et ne revint plus que longtemps après et de loin en loin. Qui donc avait rompu ce charme? Hélas! un soin bien naturel et aussi innocent qu'involontaire de Mme Péquegnot; elle avait rangé l'atelier de son mari, et sur la planche du cabinet à demi obscur où il avait l'habitude de se servir de l'eau-forte, elle avait aperçu un de ces vieux colliers de chiens à clous de cuivre et garni d'une double fraise de poils; comme ceux-ci étaient tous mangés aux vers, en bonne ménagère, elle avait fait jeter le malheureux collier. Et ce que Meryon ne trouvait plus, c'était ce qui l'attirait et qu'il venait chercher : il en avait fait son fétiche et son manitou ; il dessinait bien à côté de lui, et c'était lui qui faisait bien mordre ses planches!...

Tous ceux qui l'ont connu en pourraient, à coup sûr, raconter bien d'autres; celles-ci suffisent ici pour montrer ce qui est important, que ce qu'on pourrait prendre pour de simples bizarreries ou même pour des choses plaisantes, sont au contraire parfaitement sérieuses et, par là, resteraient inexplicables (ainsi la loi lunaire et solaire, n°s 68 et 69, où l'on trouve les boîtes perpendiculaires pour dormir debout), si l'on taisait sur ce point la vérité.

Elle est triste et nous rappelle au sentiment douloureux de la faiblesse humaine, mais elle est la vérité; sans elle on ne verrait plus tard que des plaisanteries de mauvais goût dans certains détails de l'œuvre de Meryon, et s'il est à regretter qu'une intelligence si vaillante et si noble dans ses aspirations ait été dévoyée par la maladie, l'on doit à son souvenir de le défendre d'une pareille imputation.

Monsieur Wasset, un amateur distingué, qui vendit sa collection en 1880 et qui avait connu Meryon vers 1868, me contait certaines particularités de cette nature douce. La première fois qu'il le vit, il était muni d'un portefeuille contenant plusieurs états de ses planches qu'il voulait lui vendre.

Monsieur Wasset qui, à cette époque, ne recherchait de Meryon que ses vues de Paris, lui acheta tout ce qu'il lui proposait aux prix bien modiques fixés par Meryon, c'est-à-dire 50 centimes et un franc; il prit tous ces états et plusieurs épreuves de la vue de l'ancien Louvre, du côté de la Seine en 1651; en cette année 1866, Meryon avait exposé cette dernière sous le n° 3171.

Monsieur Wasset voulut lui acheter l'épreuve de l'Exposition, mais Meryon croyait que cette épreuve avait subi, étant au Salon, un lavage à la potasse pour tuer les noirs veloutés; il en accusait les jésuites qui, selon lui, le poursuivaient partout.

Meryon se refusa d'abord obstinément à vendre cette épreuve, se renfermant dans ces mots : « Il faut qu'elle soit détruite. »

La résistance de l'artiste, aiguillonnant le désir de l'amateur, M. Wasset arriva bientôt à vouloir absolument cette épreuve, Meryon continua de refuser et partit en répétant son invariable : « Non, Monsieur, il faut qu'elle soit détruite. » Ne sachant quel moyen employer, M. Wasset écrivit à Meryon qu'il espérait qu'il ne lui refuserait pas le petit service qu'il allait lui demander; comme il devait venir bientôt lui apporter diverses épreuves, il le priait d'apporter aussi l'épreuve de l'Exposition pour la voir seulement; l'épreuve étant là, il espérait bien trouver le moyen de décider Meryon à la lui vendre, c'est ce qui arriva; après bien des luttes, Meryon consentit, à la condition qu'il écrirait au bas de l'épreuve comment, selon lui, elle avait perdu toutes les qualités qu'elle possédait avant le lavage.

Cette pièce, vendue à la vente de M. Wasset sous le n° 869, fut payée 335 francs; on lisait au bas écrit de la main de Meryon :

« A Monsieur Wasset, employé au Ministère de la Guerre, qui me fait l'honneur de recueillir quelques états de mes gravures.

« J'ai de très fortes raisons pour penser, la certitude même, que cette épreuve, lors de l'encadrement, a été soumise à quelques opérations secrètes, clandestines, quelque chose comme un lavage à la potasse; et c'est à ce point de vue seulement qu'il peut y avoir intérêt à la conserver. Ce fait, de la nature de ceux qu'on ne tient guère à soupçonner, donnera une idée de ce que peuvent suggérer à ces gens, pour qui tous les moyens sont bons pour arriver plus sûrement à déconsidérer qui, pour telle cause que ce soit, les iniquités, la basse envie, le vil égoïsme et le fanatisme aveugle de l'esprit de parti. P., ce 27 août 1866, C. M. »

Cette épreuve et plusieurs autres, avaient été vendue cinq francs pièce.

Lorsque Meryon venait voir M. Wasset pour lui vendre des épreuves, il ne manquait jamais de le prier de regarder par la fenêtre s'il ne voyait pas de jésuites l'attendant dans la rue; c'était une idée fixe chez lui, idée qui le quittait aussitôt, car M. Wasset qui, pour le contenter, se mettait à sa fenêtre et le regardait passer, remarquait que Meryon ne se retournait seulement pas; il avait oublié en descendant l'escalier. Sa préoccupation n'existait plus, son idée avait passé à autre chose.

Meryon s'était lié avec quelques artistes, entre autres avec M. Bracquemond pour lequel il avait de l'amitié et dont il prisait fort le talent ; comme quelques amis M. Bracquemond avait l'autorisation de prendre la clef du logis, le maître étant absent. Un jour M. Bracquemond était monté dans l'atelier et, s'impatientant de ne voir personne, voulut laisser une preuve de sa visite; il crayonna un oiseau poursuivant une mouche qui infailliblement devait être dévorée par lui. C'était vraisemblablement dans l'idée de M. Bracquemond une façon de laisser sa carte de visite ; en rentrant Meryon ne le comprit pas ainsi : il vit dans cet innocent dessin la preuve écrite de la fatalité, qui selon lui s'acharnait à sa personne.

L'imprimeur Delatre, qui allait voir souvent Meryon, le trouva plus triste que de coutume ; il lui en demanda la raison.

Pour toute réponse Meryon lui dit :

« Regardez cette image; c'est celle de ma destinée. Je ne peux pas plus éviter les malheurs qui doivent fondre sur moi que cette mouche n'évitera le bec de ce moineau. C'est ma destinée !!! »

A partir de cette époque, sa raison s'altéra, il devint plus sombre que de coutume, il ne voulait voir personne; tous ses amis étaient devenus pour lui des ennemis.

Il fit pourtant un voyage à Bruxelles et séjourna une année environ chez le comte d'Aremberg qui lui avait commandé diverses vues de son château.

Nous croyons que cette année là fût peu fructueuse au point de vue du travail et que la maladie mentale qui le tourmentait s'accrut en ce temps là plus qu'elle ne s'affaiblit.

En effet, quelques jours après son arrivée à Paris, M. Delatre, s'étant empressé de lui rendre visite, trouva le pauvre artiste couché et refusant obstinément de se lever.

Vainement il voulut l'entrainer au dehors pour déjeuner ; il fut forcé de faire monter chez Meryon un repas pendant la durée duquel il lui fut impossible de ne point s'apercevoir que Meryon était bien fou.

Il fit aussitôt prévenir M. de Salicis, M. Bléry. Il y avait alors plus de huit jours que Meryon n'avait quitté son lit, disant qu'il ne pouvait « traverser cette mer de sang. »

M. Delatre se rendant bien compte de l'état de ce pauvre Meryon, voyant qu'il était perdu, voulut avoir les traits de ce malheureux ami.

Il alla trouver M. Flameng; il lui fit part de l'affreuse position de Meryon, il lui parla de son désir d'avoir le portrait de Meryon. M. Flameng se fit un plaisir d'être agréable à M. Delatre. Ce dernier, pour obtenir que le pauvre fou voulut bien se laisser faire faire son portrait, inventa cette fable : que M. Flameng, partant pour l'étranger, serait heureux qu'il voulut bien poser un instant parce qu'il désirait emporter en voyage ce souvenir de lui.

Meryon, assez calme en ce moment, se prêta de bonne grâce au désir de ses deux amis, mais, le lendemain, quand M. Delatre retourna le voir, il le trouva regrettant son bon vouloir de la veille et désirant que le dessin de M. Flameng lui fut rendu. M. Delatre lui fit observer que M. Flameng était parti et avait emporté son dessin, et les choses en restèrent là.

Mais le jour suivant il fallut user de ruse pour décider le pauvre fou à se lever et à quitter sa chambre ; il céda pourtant et on le conduisit à Charenton où il resta quelque temps. Là, il cultiva la terre. Pour le distraire, M. Delatre, qui lui avait voué une véritable amitié, alla le voir plusieurs fois. C'est à cette même époque qu'il lui porta le dessin que Viollet le Duc désirait qu'il gravât. Il s'acquitta assez bien de cette tâche : sa santé s'améliorait, sa raison devint plus lucide, on avait tout lieu d'espérer qu'il allait revenir à la raison. Il est peut-être sorti trop tôt de cette maison où les soins et les égards lui étaient prodigués.

Quelques amis, qui lui voulaient du bien — chose singulière, ce malheureux, qui voyait partout des ennemis, n'a jamais réellement inspiré que des sympathies — quelques amis, dis-je, le voyant reprendre goût au travail, le crurent guéri et l'engagèrent à quitter Charenton.

Il se livra alors à toutes sortes de fantaisies : une idée singulière, comme il en germa trop souvent dans ce pauvre cerveau malade, fut l'exécution de cette petite eau-forte représentant un navire avec cette légende :

La *Harpe Oasienne le Pro volant.*

Le *Pro volant des îles Mulgrave océanie.*

Voyage du navire *le Rhin,* 1842, 1846.

Dans sa pensée les épreuves de cette eau-forte devaient lui servir de bon pour payer ses consommations au café de Larochefoucault; au bas de l'épreuve il devait écrire les consommations prises. Ce bon n'a-t-il pas été une fantaisie de ce pauvre cerveau dérangé, car il en existe des épreuves avec la mention de ce qu'il avait pris au Café habituel.

A cette même époque il montrait à M. Bracquemond des crayons chargés vers la base d'un plomb afin de faciliter le croquis ; il avait aussi découvert plusieurs manières de dessiner, soit en tenant son crayon par l'extrémité, soit en dessinant par petits coups en frappant le papier.

Son ami M. de Salicis m'a certifié qu'il avait vu Meryon dessiner d'après nature et qu'il commençait son trait en allant de bas en haut. M. de Salicis lui ayant demandé pourquoi il s'y prenait ainsi, il lui fit cette réponse qui prouvait à ses yeux que sa façon d'opérer était la meilleure, la plus juste et de plus appuyée sur le simple bon sens : « Ne construit-on pas les édifices par la base ? pourquoi voulez-vous que j'en fasse la reproduction dans le sens inverse. » A cette même époque, il se nourrissait de poissons cuits dans du lait, disant que l'homme n'a pas besoin d'autre alimentation pour bien se porter et se conserver l'esprit libre.

C'est en ce temps encore qu'il lavait à grande eau sa chambre, que, sous prétexte de bains froids, il se jetait des seaux d'eau sur le corps sans prendre nul souci de la propriété qu'il habitait : il alla plus loin, il prit l'habitude de se placer dans la cour pour faire des ablutions.

Il travailla encore quelques années, mais sa verve était refroidie, il était usé par la maladie et poursuivi par ses rêves creux qu'il grava sous forme de rébus...

C'est là, dans ce logement au rez-de-chaussée de la rue Duperré, qu'il exécuta sa grande planche : *la vue de San-Francisco*, pour laquelle on ne lui avait fourni que quelques épreuves Daguerriennes; on juge le mal que l'artiste dut avoir et de la patience qu'il fallut pour reconstituer une ville qu'il n'avait jamais vue.

Il fit encore sa grande *vue du Collège de France*, planche importante, de laquelle il existe malheureusement bien des états. A l'horizon de Paris la mer avec des vaisseaux et des bateaux à vapeur, puis sur le premier plan des personnages en costumes romains; c'est là qu'il fit aussi la *loi lunaire*, la *loi solaire*, deux œuvres complètement folles, puis deux planches pour la *Gazette des Beaux arts* et enfin cette planche d'après Zeemann pour la *Calcographie du Louvre*. Il végétait et pourtant il était difficile de lui rendre service, son esprit était devenu de plus en plus inquiet ; voyant partout des ennemis, pour des motifs imaginaires il se fâcha avec ses protecteurs les plus dévoués, Messieurs Niel et Benjamin Fillon.

Une fois encore sa raison l'abandonnait complètement ; il fallut prendre un parti et le 12 octobre 1866 il fut de nouveau conduit à Charenton. Là il dépérit, sa raison se perdit tout à fait ; rien ne pouvait distraire sa pensée, son regard était fixe, semblant chercher toujours quelque chose à l'horizon ; il ne pouvait se livrer à aucun travail : l'essaya-t-il ?

Il écrivait de longs mémoires, ses idées ne se suivaient plus ; il crut être le Christ. Enfin l'infortuné se laissa mourir de faim, disant qu'il ne devait pas prendre de nourriture, qu'il devait se sacrifier pour les malheureux.

De Charenton il écrivit plusieurs lettres : celle qu'il adressa à Monsieur Bracquemond est bien la preuve que le cerveau du pauvre artiste était dépourvu de tout équilibre ; il veut faire des reproches à un ancien ami : il écrit plusieurs pages sans pouvoir arriver à formuler ses griefs dont il croit avoir à se plaindre : celle à Monsieur Martin n'est pas

À Mr Bracquemond, peintre-graveur

Paris, le 5 Mai 66

Cher Monsieur Bracquemond

Après vous avoir attendu assez longtemps dans le salon de la Gravure j'ai fait un premier examen rapide de ceux de la Peinture cherchant les œuvres de quelques artistes que j'ai connus jadis. — Je vous dirai en [illegible] [illegible] pour vous dire que j'y serai presque toujours le [illegible] et le [illegible] de [illegible] à [illegible] [illegible] au café Larochefoucauld, rue de ce nom, [illegible] [illegible] [illegible] [illegible] [illegible] [illegible] [illegible] [illegible] [illegible] [illegible] [illegible] [illegible] [illegible] [illegible] [illegible] [illegible] [illegible] [illegible] [illegible] de nos chers Maîtres. Si vous aviez aussi l'amabilité de m'y rendre, de même que je pourrai aller vous trouver dans votre quartier [illegible] [illegible] [illegible] [illegible] à votre aise [illegible] [illegible] et de [illegible] [illegible].

Votre bien sincèrement dévoué

C. Meryon

Meryon Charles.

moins curieuse ; elle a quatorze pages et demie. Nous en donnons ce fragment reproduit dans le catalogue de la collection Sensier (1878), page 102.

« A M. Martin secrétaire d'administration de la maison de Charenton : 22 août 1867.

« J'ai servi activement sur les navires de l'État pendant sept années consécutives, après quoi j'ai pris l'état de graveur où j'ai fait d'assez nombreuses œuvres qui me sont entièrement personnelles, j'ai actuellement même un album gravé ayant trait à un voyage important en cours d'exécution. J'ai plus de quarante ans ; je ne suis lié par aucun engagement avec qui que ce soit ; je ne suis sous le coup d'aucune condamnation qui puisse légitimer ma détention surtout en cette présente maison, qui a toute autre destination spéciale dont les règlements seraient sans doute en ma faveur ; je suis, ai-je dit, indépendant ; je dispose suffisament de toutes mes facultés pour gagner ma vie, quel juste motif pourrait-on donc donner pour me priver plus longtemps de ma liberté, pour que satisfaction me soit accordée ?

« Je suis votre bien dévoué
« C. Meryon. »

« Meryon Charles, graveur,
« domicile en dernier lieu, rue Duperré, 20. »

L'écriture est ferme, la signature lisible, le paraphe hardi ; rien ne trahit dans l'aspect de cette lettre les divagations qu'elle contient.

Voici maintenant la lettre que quelques années auparavant il adressait à Monsieur Bracquemond.

« A M. F. Bracquemond, graveur peintre. Maison de Santé impériale de Charenton-le-Pont, 21 mars 1867.

« Monsieur,

« Quelque regret que j'en éprouve, car récemment encore depuis que je suis ici, j'ai été heureux de pouvoir recourir à cette abnégation, à cette facilité avec laquelle vous venez en aide à vos amis dans l'infortune, mais prenant le parti de ne plus solliciter de vous, en aucun cas, que vous m'assistiez d'avantage, j'ai voulu vous adresser cette dernière lettre pour vous dire avec entière sincérité dans quelles dispositions d'esprit je suis maintenant à votre égard. Sur le point cependant, comme j'ai de très fortes raisons pour l'espérer, de rentrer dans la vie libre, après avoir fait quelques premières démarches dès le commencement du mois dernier auprès des médecins, j'ai écrit une assez longue lettre à M. le directeur, pour être rendu à la liberté, ayant recouvré suffisamment mes forces pour cela, et de très sérieuses causes à mon sens le demandant.

« Il y a peu de temps, dimanche 28 du mois dernier, je reçus la visite de M. Hhall, mouleur du jardin des Plantes, qui, comme je vous l'ai dit dans ma dernière lettre, était déjà venu me voir une fois quelque temps après la première visite que vous m'aviez faite vous même. Or, quoique je ne vois en cette circonstance un avis indiscret d'où je puisse tirer quelque induction précise sur votre manière d'être envers moi, je dois vous dire, dans cette nécessité où nous sommes de nous expliquer clairement, après cette lettre si sincère que je vous ai écrite en date du 30 décembre, après ces communications des plus confidentielles que je vous ai faites lors de vos trois visites ici, tenant compte de ce long laps de temps que vous laissâtes s'écouler sans y répondre par écrit, éludant par là cette condition que je devais rationnellement désirer de formuler nettement cette détermination que je vous exhortais à prendre, je suis autorisé à conclure, dis-je, *que vous n'êtes des nôtres*, ce que je regrette certe vivement, par ces deux causes ; que d'une part je vous regardais comme un homme remarquable en tant qu'artiste ; et d'une autre comme doué d'assez de bon sens naturel, de clairvoyance, d'esprit d'indépendance, de sage libéralisme d'idées, de cette force de caractère nécessaire, d'assez belles et solides qualités pour qu'on put attendre aide efficace de votre coopération, dans cette lutte de théories philosophiques sociales appliquées qui s'effectue maintenant, pour atteindre enfin le but qu'on doit se proposer, dans cette situation tout à fait exceptionnelle où nous sommes. Peut-être aussi n'avez-vous pas été placé dans ces circonstances assez favorables pour profiter de ces avantages, non plus que vous n'avez joui de la liberté suffisante; de sorte qu'il est plus concevable que vous vous soyez mépris sur la voie que vous aviez à suivre ; mais, répétai-je, il y a nécessité que scission s'effectue entre nous; cette résolution prise de commun accord, devant être préférable pour nous à toute demi-mesure qui nous ferait fausser nos sentiments, toujours prédisposé que je serais à prendre le change sur votre manière d'être envers moi ; et vous, croyant pouvoir, sans vous rendre compte des graves dommages qui résulteront pour vous de ne vous être arrêté au parti pris le plus courageux, de prolonger plus longtemps ces trompeuses relations, faute d'avoir assez sérieusement réfléchi, trop confiant en vos propres forces, vous avez cru pouvoir pactiser en tout avantage avec certaines gens de ce parti hautain, septique, mécréant, pensant de la sorte mieux assurer votre existence à venir ; ne voyant pas que, si faible que je sois, je me trouvais aussi appuyé de puissants protecteurs, vous avez fait un peu trop bon marché de moi, de ces mesures que je vous recommandais si fort, du rôle qu'une destinée particulière m'a attribué ; et trop insoucieux ainsi, vous avez fondé vos espérances sur les doux rêves de votre imagination. Que si j'en viens à spécifier quelques récriminations que vous me faites, ne puis-je citer entre autres celle-ci, quoique je ne saisisse bien ce que cela peut signifier et quelque futile qu'elle puisse paraitre, que vous dites souvent que je vous ai pris votre sommeil ? oui en effet j'ai fait deux ou trois fois vers vous des démarches matinales, et tout en vous demandant l'assistance dont j'avais besoin, me proposant de vous rendre service pour service, j'insistais auprès de vous pour que vous adoptiez ces sages mesures, que je sais par expérience si salutaires, et certes je ne me serai fait moindrement scrupule de vous éveiller de meilleure heure, si j'eusse pu, par ces exhortations, fixer votre attention comme j'y avais compté, mais comme tant d'autres vous avez méconnu mes affectueuses intentions, vous avez dédaigné hélas ! ces conseils, ne voyant en moi qu'un importun, un concurrent fâcheux, tandis que j'étais réellement votre ami et que les circonstances eussent pu me mettre à même plus tard de répondre à ces marques de sympathie positives pour moi, par le fait, puisqu'elles me procurèrent un peu de numéraire dont j'avais si grand besoin que vous me donniez ; préoccupé surtout, il m'a bien fallu malheureusement depuis le soupçonner des moyens les moins blessants et pénibles pour moi, de vous débarrasser de ma personne, peut-être qu'à votre place j'eusse subi de pareilles influences. Me rappelant même avoir été accessible jadis, à votre sujet ; mais en tout cas n'est-ce chose regrettable qu'il faut savoir vaincre, dont il faut chercher à avoir raison ? en une autre circonstance, comme il me semble vous en avoir parlé déjà, sur quelques observations justes, essentiellement préventives, que je me permis sur une de vos œuvres, n'avez-vous parlé d'intention de vengeance? n'avez-vous donc, Monsieur, assez conscience de vos forces réelles pour savoir prendre ces admonestations amicales, sans vous en offenser? Ne vous était-il quelquefois arrivé de penser, comme moi, que, sur notre bon vouloir, nos œuvres effectuées, celles que nous pouvions réaliser encore, le sort nous devenant plus favorable, nous pouvions tous deux trouver contentement intérêt dans une fréquentation plus suivie nous entretenant de notre art ? Mais non ? de notre commun état ? L'esprit de parti ; cette jalousie de métier qui nous fait ne vouloir admettre comme confrère tel qui n'a dès le jeune âge hanté les mêmes écoles, suivi que tard ses inclinations, manifesté ses conceptions, quelqu'intérêt que puissent promettre ses travaux projetés, quelques titres qu'il se soit acquis par ceux exécutés, à la libre pratique de cet état adoptif, ces nuisibles influences, dis-je, vous ont aussi dominé et m'ayant accepté temporairement jusqu'ici que dans l'attente de me voir dans un temps proche et pour jamais écarté de la lice, fâcheuses conséquences d'une organisation sociale vicieuse, incomplète, d'idées fausses, préconçues, qui font que pour la plupart d'entre nous la vie se passe dans un état de guerre permanente, dans les préoccupations, l'inquiétude, les peines de tous genres, dépensant à chercher à nous nuire les uns aux autres, notre temps, nos forces, nos facultés, au lieu de les faire servir à notre bien être propre et au bien général. Mais enfin après avoir fait en ces derniers temps tout ce que votre sûreté à venir me paraissait réclamer, abordant la question brusquement, parce que je sentais qu'il n'y avait de temps à perdre, et mettant cette insistance que la sympathie naturelle que j'éprouvais pour vous, l'intérêt que je vous portais, me faisait regarder comme urgente ; n'ayant pu avoir raison, à mon grand regret, de votre obstination, au moins de votre indifférence inconsidérée, je dois forcément y renoncer. Oui, déçu de cet espoir que je gardai longtemps encore que vous répondriez à ma confiance, à ces confidences extrêmes que je vous fis, sans aucunes restrictions. Comme je ne l'ai fait jusqu'ici pour personne touchant des faits qu'on pouvait regarder comme d'une importance capitale, vous ne le sauriez contester, je vous ai vu persister imperturbablement dans cette voie où vous vous êtes aventuré, car vous n'avez rien fait pour me prouver, par l'adoption de ces mesures que je vous avais recommandées si indubitablement en vue de votre salut, que vous vous rendiez à mes exhortations, à mes remontrances, en mettant de côté tout vain amour-propre, abjurant résolument ces opinions dont vous n'avez d'abord compris la fausseté et le danger ; je dois donc aussi moi, quelques regrets que j'en éprouve, prendre enfin la détermination de me séparer de vous, me conformant par là à ce que vous aurez voulu vous-même, sachant accepter les conséquences de cette scission obligatoire, telle que la privation de ces ressources, comme celles dont vous me fîtes récemment bénéficier, par le placement de mes œuvres, l'éloge que je suppose que vous avez bien voulu en faire et autres avantages que j'eusse trouvé dans nos relations. Oui, dis-je! vous vous en êtes trop reposé sur l'Art, objet de vos pensées, de votre affection. Quelque digne que vous fussiez d'être un de ses élus, vous vous êtes mépris, vous avez mal jugé de sa puissance, car il ne prête ses inspirations vivifiantes qu'à ceux qui, aux jours adverses, ont sû s'armer de courage et de la force d'âme, nécessaires pour le servir avec entier dévouement, en supportant ses rigueurs, pour avoir plus tard droit à ses bienfaits. A cette même occasion, que je dise que le peu que je sais de M. Hédouin, qui ne me connaît non plus, suivant toute probabilité, que vaguement, m'a laissé espérer qu'il a pu juger autrement la situation, et n'a pas sur mon compte les mêmes opinions que vous; de sorte que sans que j'attende qu'il prenne davantage souci de mes intérêts par ses obligeants procédés du genre de ceux que je viens de dire; je me plairai à voir en lui un de ces hommes qui ont approuvé certains de mes actes, ayant cette même manière de voir, ces mêmes sentiments, qui m'ont fait jusqu'ici soutenir la lutte avec autant de persévérance, dans l'espoir d'arriver au bien, lui exprimant ici ma reconnaissance pour ces dits bons procédés, et regrettant que les circonstances ne me permettent de la lui témoigner actuellement d'une façon plus positive. Après ma lettre du 30 décembre, la conversation que j'ai eue encore avec vous lors de cette dernière visite, et ce que je vous dis ici, je n'aurai aucun reproche à me faire, n'ayant rien négligé pour chercher à vous préserver du mal que je redoutais pour vous, et je puis, par coséquent, m'en tenir là, et il ne me restera plus qu'à attendre que le temps, les faits à venir viennent donner raison à celui de nous qui aura prévu les choses avec le plus de justesse; car vous admettrez bien que j'aie aussi ma susceptibilité, et que le cas est assez sérieux et pressant pour prendre ce parti définitif, et encore répéterai-je : puis-je être de bonne foi, raisonnablement satisfait de votre manière d'être avec moi, le seul cas excepté où nos communications auraient été entravées, où des ennemis vous auraient tenu dans l'impossibilité matérielle de suivre, contre votre gré, ce que vous prescrivaient votre propre salut et la raison. Mais vous étiez assez libre encore pour, avec de la volonté, de l'énergie, un courage persistant, vous débarrasser de ces entraves. Adieu donc! Puisse le destin ne pas vous être trop adverse!

« Et agréez, avec mes remerciements, les vœux que je fais pour que séparés le souvenir de mes avis sincères et désintéressés vous soient encore, s'il se peut, de quelque utilité.

« Celui qui fut votre ami sincère et dévoué dans le vrai et le droit,

« C. Meryon,

« Meryon, Charles, Eaufortier, ex-marin. »

Si dans cette courte étude sur Meryon nous avons insisté d'une façon toute particulière sur son état mental, c'est que nous sommes de l'avis de M. Anatole de Montaiglon et que nous pensons ainsi que lui, qu'il faut tout en reconnaissant que l'artiste a toujours conservé sa pensée grande et pure, il faut constater aussi que l'homme a presque constamment et surtout dans les dernières années de sa vie et sous l'empire d'un désordre cérébral, désordre qui fut l'inspirateur des nombreuses et regrettables retouches qu'il fit subir à presque toutes ses planches, les surchargeant inutilement de figures, d'emblèmes souvent incompréhensibles où courent dans les airs ces ballons accompagnés de légendes obscures? que signifient les enseignes ajoutées à des maisons historiques, que veulent-elles dire? (voyez la tourelle dite de Marat) et le Ministère de la Marine, ces figures allégoriques dont les ciels sont surchargés?

Il faut donc, pour l'honneur de Meryon, écarter de son œuvre toutes ces fantaisies, filles de son cerveau troublé et qui sont l'envers de l'art dont il a dans son bon temps, si vaillamment tenu le drapeau.

Dans l'œuvre de Meryon on devrait surtout rechercher les premiers états; n'est-il pas plus intéressant, au point de vue de l'art, de posséder une épreuve où sa pointe alerte a fidèlement traduit sa pensée que de posséder, si rares qu'ils soient, les états où la pensée de l'artiste a été trahie par la folie de l'homme!

Entre ces deux expressions d'une même pensée, saine d'abord, dévoyée ensuite, il n'y pas à hésiter; la première appartient aux véritables amateurs, la seconde est la part des chercheurs de curiosités et de bibelots.

Malgré les erreurs des derniers temps, l'œuvre de Meryon est et, restera le monument d'une grande intelligence, d'une vue précise d'un sentiment exquis, d'une finesse, d'une habileté de pointe qui prouvent surabondamment la parenté de Meryon avec nos premiers aquafortistes.

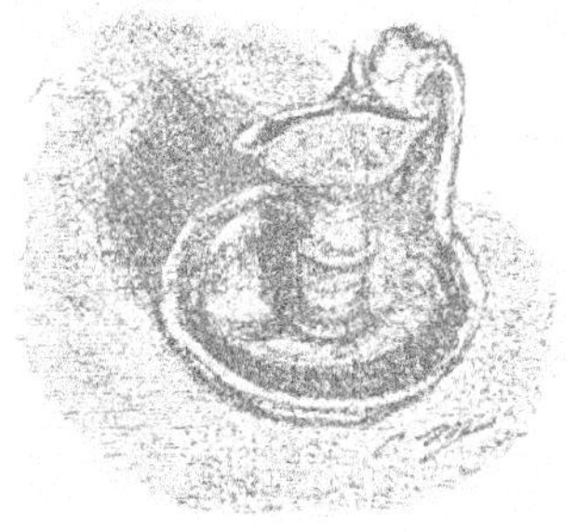

APPENDICE

CHARLES MERYON

POÈTE

MERYON POÈTE

Les vers que nous publions ici ont été gravés par Meryon sur diverses planches de cuivre.

Nous avons reproduit fidèlement, dans leur orthographe, ces petits textes étranges, incorrects et parfois obscurs. Nous les avons classés dans l'ordre de leur date, connue ou présumée, pour qu'on y pût suivre la pensée, de jour en jour plus bizarre et plus trouble, de l'artiste malheureux.

Un esprit aussi original que celui de Meryon reste intéressant jusque dans les désordres de la maladie.

L'ESPÉRANCE

Leger aérostat, ô divine Espérance,
Comme le frèle esquif que la houle balance
Au soufle nonchalant des paisibles autans
Vas, et dans les vapeurs que promènent les vents,
Découvres-toi parfois à mes regards avides,
Sur le fond bleu du ciel, dans les régions placides,
Où d'un riche soleil les rayons fécondants
Tracent en lignes d'or tous les rèves brillants
D'un douteux avenir ; viens rendre le courage
Au rude matelot qu'a fatigué l'orage,
Au valeureux guerrier qui par un sort meilleur
De tous coups ennemis sait braver la douleur,
Au pauvre cœur blessé qui cherche en vain sur terre
Ce bonheur inconnu qu'il sent et qu'il espère !
Mais, o triste rêveur, pourquoi dans les nuages
Te promener ainsi quand il s'agit d'images ?
Reviens, reviens à terre et laisse la, le soir,
D'scalader du ciel le trop rude chemin ;
Crains de tenter du sort le caprice bizarre ;
Toujours de ses faveurs pour nous il est avare.
Puisqu'un destin nouveau t'a mis la pointe en main,
T'a fait pauvre graveur de trop frèle marin,
Lorsque sur l'enduit noir qui recouvre ton cuivre
Ta main laisse après toi le renom qui doit suivre
Ton esquif passager sur l'orageuse mer
Qu'on appelle la Vie, Océan dur, amer,
Où trop souvent, helas! fallacieux rivage,
L'esprit qui nous leurrait va mourir au rivage.

C. M. mars MDCCCLI.

AU BAS DU PORTRAIT DE MERYON

GRAVÉ PAR BRACQUEMOND

Messire Bracquemond
A peint en cette Image
Le sombre Meryon
Au grotesque visage.

A MONSIEUR EUGÈNE BLÉRY

A vous Bléry, mon maître,
Qui m'avez fait connaître
Les secrets de votre art,
Qui m'avez sans retard,
De votre âme fervente
Devoilé le miroir ;
Ma muse adolescente,
De son unique avoir,
Veut offrir le prémice ;
Souffrez qu'au frontispice
De ce modique don
Elle grave un doux nom,
Qu'en faible témoignage
Des vœux que fait son cœur

Elle vous fasse hommage
Du fruit de son labeur.

C M Sc.

Meryon imprimeur, imp. Rue Neuve St.-Étienne 26.

SUR UNE CHIMÈRE DE NOTRE-DAME DE PARIS

Dis moi, grotesque esprit par qui l'homme est singé
Charge des temps passés, démon de la matière,
Que comtemples tu donc, hideux monstre de pierre,
Dans ce gouffre béant ou ton œil est plongé?
— Rêves-tu le sabbat? sur ton crâne rongé,
Attends-tu pour hurler un baiser de sorcière,
Comment se pétrifia ta face grimacière
Ou Satan t'avait jugé, ou bien Dieu t'a jugé;
— Et quand auprès de toi, bondissante et craintive,
D'Esmeralda passait la compagne captive
De l'étreindre en tes bras tu ne fus pas tenté;
— Pour l'Enfer comptes-tu les noyés de la Seine,
Ou n'es-tu que le masque autrefois redouté
L'étrange épouvantail d'une époque lointaine?

Novembre MDCCCLIII.

Sur une Chimère
de Notre Dame de Paris
Novembre
MDCCCLIII

REINIER DIT ZEEMAN PEINTRE ET EAU-FORTIER

Peintre des matelots!
Toi dont la main calleuse,
En ta verve amoureuse,
Par de si simples traits,
Sut dire les attraits
De la mer et des flots.

Permets moi de te dire,
Combien en toi j'admire
Ce sentiment si fin
Qui révèle un marin

Combien tout en ton Œuvre,
Nous rappelle aussitôt
Le savant matelot
Si simple en sa manœuvre.

Pour moi si la Raison
Ne me tenait en bride,
Je croirais bien souvent
Voir le papier humide,
Et puis avec le vent,
Respirer le goudron.

J'espère en un autre âge,
Naviguant dans tes Eaux,
Revoir encore la plage,
La mer et les vaisseaux;

Pour d'une pointe avide,
Dans le cuivre graver
Par le mordant acide
Tout ce qu'en mon penser

Je vois de grand, d'utile,
En l'élément marin ;
Toi mon chef de file
Tu me tendrais la main !
De ce premier ouvrage
Où j'ai gravé Paris,
La ville à la Galère,
Qu'à ton instar je fis
En ta simple manière,
Accepte au moins l'hommage !
Mon maître et matelot,
Reinier, toi que j'aime
Comme un autre moi-même,
A revoir, à bientôt !

C. Meryon fecit. MDCCCLIV.

GROSSES TOURS DU PALAIS DE JUSTICE

Qu'âme pure gemisse,
Mais sur ce frontispièce
J'ai peint noirs diablotins,
Malicieux Mutins,
Dominant de ses Ailes
Les vieilles tours jumelles
De la cité de Paris,
Paris le Paradis
Des amours et des vices ;
La ville ou la Sirène

A la diabolique engeance.
Poussent maints rejetons,
Que greffent les Demons !
Le méchant animal
Augure du mal
A choisi domicile
En notre bonne ville
Le cas vraiment est grave,
Et tristement se grave
Que pour l'exorciser,
Il faudrait la raser.

C. M. MDCCCLIV

LES ARCHES DU PONT-NEUF

Ci-gît du vieux Pont-Neuf
L'exacte ressemblance
Tout radoubé de neuf
Par récente ordonnance.
O savants médecins,
Habiles chirurgiens.
Diront pourquoi refaire
Commerce du pont de pierre ?

LE STRYGE

Insatiable Vampire, l'éternelle luxure
Sur la grande Cité convoite sa pâture.

RUE DES MAUVAIS GARÇONS

Quel mortel habitait
En ce gîte si sombre?
Qui donc là se cachait
Dans la nuit et dans l'ombre?
Etait-ce la vertu, pauvre silencieuse?
Le crime, diras-tu,
Quelqu'âme vicieuse?
Ah! ma foi je l'ignore,
Si tu veux le savoir,
Curieux vas y voir,
Il en est temps encore.

LA POMPE NOTRE-DAME

C'en est fait
O forfait!
Pauvre pompe

Sans pompe,
Il faut mourir ;
Mais pour amoindrir
Cet arrêt inique
Par un toast bachique
Qui ne pompes-tu
En impromptu
Au lieu d'eau claire
Qu'on n'aime guère
Du vin
Bien fin ?

L'HOTELLERIE DE LA MORT

Venez, voyez, passants
A ces pauvres enfants,
En mère charitable
La Ville de Paris
Donne en tout temps gratis
Et le lit et la table,
Regardez sans pâlir
Les faces impassibles
Souriantes, sensibles.
Enigme d'avenir,
Ici la Mort convie
Tous ceux que par destin
Couchent sur le chemin.
Amour, misère, envie !

Quand de Paris rugit
L'émeute impitoyable,
Satan même rougit,
Tant est pleine la table!
Puissiez-vous ne point voir
Là sur le marbre noir
De quelqu'âme chérie
La navrante effigie.
Passants, passants, priez
Pour tous les trépassés
Que la mort envieuse
Amène sans tarir
La ville du plaisir
En ce monde fameuse
Mais qui sait si la mort
Sous son masque sévère
Ne nous cache du sort
Quelque riant mystère?
Qui sait si la douleur
En soulevant son voile
Du terme du labeur.
Ne nous montre l'étoile?
Allez, pauvres humains
Creusez, fouillez la terre
De vos pieds, de vos mains!
Il faut à la misère
Chaque jour du pain noir.
Par la faim aiguisés
Si, même avant le soir,
Vos jours épuisés
Défaillent sur la voie,
Si vous voyez la Mort
Que Dieu peut être envoie.

Par un dernier effort
En essuyant vos larmes,
Vers la voûte des cieux
Où cessent les alarmes,
Levez encore les yeux !
Là vous lirez peut-être
Que pour nous va venir
Le jour du doux bien-être
Où pour ne point mourir
Doit éclore la fleur
A la fraîche corolle
A la sainte auréole
D'amour et de bonheur
Dont le germe est au cœur.

L'ABSIDE DE NOTRE-DAME

O toi dégustateur de tout morceau gothique,
Vois ici de Paris la noble basilique.
Nos Rois, grands dévôts, ont voulu la bâtir,
Pour témoigner au Maître un profond repentir.
Quoique bien grande, hélas ! on la dit trop petite,
De nos moindres pécheurs pour contenir l'élite.

LE PILOTE DE TONGA

Nous partions de Tonga sur un navire de guerre ; vient le pilote dans sa frêle pirogue. — Il est presque complètement nu. Fort et agile, en un saut il est à bord ; il va droit au commandant et le salue dignement. — Le navire ouvre ses voiles au vent, vivement poussé par la brise qui les gonfle, il donne dans l'étroite et dangereuse passe ! — Debout sur le banc de quart, la tête haute, l'œil attentif ! Son attitude est noble et fière ; tout chez lui dénote l'assurance. Sa large poitrine, de teint basanée, brille au soleil comme un bouclier d'airain. Ses longs cheveux flottent au vent... — A bord tout se tait : officiers et matelots l'admirent en silence... — Et le navire marche, marche toujours..... Mais la voie s'agrandit..... Déjà la houle du large clapote sous la proue..... — Hourra ! vaillant pilote, hourra ! La passe est franchie. — Poursuis ta course, ô beau navire ; devant nous s'ouvre l'Océan. — A toi, merci Pilote de Tonga !

LOI SOLAIRE

Si j'étais empereur ou roi de quelque puissant État, (ce que je ne voudrais ni ne pourrais être), — Vu que les grandes cités ne sont enfantées que par la paresse, l'avarice, la crainte, la luxure et autre mauvaise passion ; je ferais élaborer une loi déterminant, d'une manière aussi précise que possible, l'espace de terrain, avec ou sans culture, forcément adjoint à toute habitation de capacité voulue, pour un nombre donné de créatures humaines (1) de telle sorte que l'air et

1. Mais l'eau, l'eau froide, glacée que j'ai oublié. (Cette note est sur l'épreuve de la main de Meryon).

le soleil, ces deux principes essentiels de la vie, pussent toujours être largement répartis. Cette loi : source de tout bien-être matériel et conséquemment moral, s'appellerait : Loi Solaire.

C. Meryon fecit Paris, MDCCCLXV

Imp. rue Saint-Jacques 81.

LOI LUNAIRE

Dictateur d'une forte république vu que l'homme jeté sur la terre, assujeti, pour des causes inconnues, à un dur destin, doit dompter la paresse, sa plus redoutable ennemie, et se prémunir contre le mal toujours et par tous moyens : vu 1° que le lit de nos cites est, en maints cas meuble de paresse et de luxure ; que la position droite est de toutes la plus noble ; que celle couchée fait des lascifs, ne convient qu'aux infirmes et aux morts ; interdirais pour ça l'usage dudit meuble dans toute l'étendue de ma jurisprudence, exigeant que ceux-là dorment debout et dehors, dans des niches verticales fichées en terre, les tenant en strict respect :

Le chef ceint d'un casque
Par un moufle étarqué (Sic.)
Sous l'orbite qu'il masque,
Et le crâne appliqué;
Ou par la chevelure,
Sans façon suspendu;
Le ventre maintenu,
Par concave armature ;
Le poitrail ouvert amplement
Pour fonctionner plus pleinement,
Les bras en croix en cette pose ardue,
Qu'eût Christexhalant son âme éperdue,
Le séant comme en selle;
Le pied dans l'étrier,

Comme eussent fait l'héroïque pucelle, Dugueslin, ou Bayard, le preux chevalier : et la face tournée vers le levant pour que l'aube matinale le frappe de sa lumière.

Vu 2° que la nuit veut repos et silence, que la lune en est le flambeau naturel, qu'il est de très dommageables abus dans l'emploi des feux factices qui consument ainsi en pure perte des substances d'utilité première ; le restreindrait le plus possible, tant par économie commune que dans un but préservateur des organes du souffle et de la vue ; et le tout comme sainte mesure préventive et pour les plus parfaites conservation et amélioration des facultés humaines, cette loi cause puissante de force et de pureté s'appellerait : Loi lunaire.

C. M. imp. rue Duperré 20, Paris S. O. 66.

(Au centre de la figure : 1866)

BAINS FROIDS CHEVRIER

Eh oui ! maladroit
De la grande nature
Qui nous donne la Foi
Et confond l'Imposture
La vraie loi de l'Égalité
Et le plus sûr garant de notre probité
Qui lie le serviteur au maître
Et le sujet au roi
C'est qu'il faut en tout temps sagement nous soumettre,
Au dur, au rigoureux mais suprême Bain-froid.

PETIT PRIMO DITO. BAL DE MADEMOISELLE CALE FANTASIA

Je suis l'fils de la.....
Et d'un gros boun charbonna
Mais fortune me donna,
Pour notre bien j'imagine,
Une tout autre origine.
Or si le fait est légal,
Ma foi ! je m'en arrange
Il faut bien qu'çà m'soit égal,
Du moment que j'bois et mange
Donc je suis de sang royal
Comme mon vaillant cheval (bis)!

TABLES

TABLES

I

TABLE DES MATIÈRES

PREMIÈRE PARTIE

Pages.

Au cimetière. — 15 février 1868 5
Le tombeau de Meryon 7
Portraits de Meryon 9
Souvenirs de voyage 9
Meryon à Paris 14
Lettre de Victor Hugo 16
Les eaux fortes sur Paris 17
La folie 18

DEUXIÈME PARTIE

Poésies de Meryon 37
L'Espérance 40
Au bas du portrait de Meryon gravé par Bracquemond . . . 41
A Monsieur Eugène Bléry 41
Sur une chimère de Notre-Dame de Paris 42
Reinier dit Zeeman peintre et eau fortier 43

Grosses tours du palais de justice 44
Les arches du Pont-neuf 45
Le Stryge 46
Rue des mauvais garçons 46
La pompe Notre-Dame 46
L'hôtellerie de la mort 47
L'abside de Notre-Dame. 49
Le pilote de Tonga 50
Loi solaire 50
Loi lunaire. 51
Bains froids Chevrier. 52
Petit primo dito. Bal de mademoiselle cale Fantasia. 53

II

TABLE DES ILLUSTRATIONS

Pages.

Charles Meryon, d'après l'eau forte originale de Bracquemond, photogravée par Lemercier, reprise à l'eau forte par l'auteur (gravure hors texte). 3

Tombeau de Meryon à Charenton, Saint-Maurice, dessiné sur nature et gravé à l'eau forte par Aglaüs Bouvenne (gravure hors texte). 7

Lame de cuivre gravée par Bracquemond pour le tombeau de Meryon et reproduite en photogravure par Lemercier (gravure hors texte). 8

TABLES

Quatre portraits de Meryon faits de 1864 à 1868 par le docteur Gachet 11

Assassinat de Marion Dufrêne, dessiné d'après Meryon et repris à l'eau forte par V. Focillon sur une photogravure de Lemercier. 12

Croquis de bateaux extraits de l'album de voyage de Meryon. 15

Croquis d'oiseau par Bracquemond 25

Autographe de Meryon (gravure hors texte). 28

Lampe dessinée par Meryon. 36

Le singe de Notre-Dame, dessin de Meryon photogravé par Lemercier. 42

La tête de page et la lettre ornée ont été spécialement dessinées pour l'ouvrage par Bracquemond

FIN

IL A ÉTÉ TIRÉ DE CE LIVRE

PAR A.-H. BÉCUS, BOULEVARD DE VAUGIRARD A PARIS

TROIS CENT TRENTE CINQ EXEMPLAIRES

DONT :

DIX SUR PAPIER DU JAPON NUMÉROTÉS DE UN A DIX

VINGT SUR PAPIER DE HOLLANDE NUMÉROTÉS DE ONZE A TRENTE-CINQ

TROIS CENTS SUR PAPIER DU MARAIS NUMÉROTÉS

DE TRENTE-SIX

A TROIS CENT TRENTE-CINQ

numéro 157

A LA MÊME LIBRAIRIE

LES AMOURS DE GOMBAUT ET DE MACÉE, étude sur une tapisserie française du musée de Saint-Lô, avec cinq héliogravures et neuf fac-similés d'estampes anciennes, par Jules Guiffrey. Un volume in-4° raisin. Tiré à 200 exemplaires . . . . 25 fr.

LA VIE ET L'ŒUVRE DE PIERRE VANEAU, SCULPTEUR FRANÇAIS AU XVIIe SIÈCLE, ET LE MONUMENT DE JEAN SOBIESKI, par Marius Vachon, avec une restitution du monument par Édouard Corroyer, quatre photogravures et dix-neuf dessins. Un volume in-4° raisin. Tiré à 250 exemplaires. . . . 25 fr.

L'ŒUVRE DE EUGÈNE DELACROIX, peintures, dessins, gravures, lithographies, reproduit en totalité par Alfred Robaut, décrit et commenté par Ernest Chesneau. Un volume in-4° contenant environ 1200 reproductions et deux portraits gravés de Eugène Delacroix (en souscription) . . . . 50 fr.
Dès l'apparition de l'ouvrage, le prix sera porté à . . . . 60 fr.

UN ARTISTE OUBLIÉ : J.-B. MASSÉ, peintre de Louis XV, dessinateur-graveur, par Émile Campardon. Un volume in-16 jésus, orné de deux portraits gravés de Massé, d'illustrations dans le texte et d'un frontispice de Frédéric Régamey . . . . 15 fr.

LES ŒUVRES DE BERNARD PALISSY, publiées d'après les textes originaux, avec une notice historique et bibliographique, et une table analytique par Anatole France. Un volume in-8 de 500 pages (seule édition complète) . . . 6 fr.

L'ÉDUCATION DE L'ARTISTE, par Ernest Chesneau. Un volume in-18 de 400 pages . . . . 3 fr. 50

PEINTRES ET STATUAIRES ROMANTIQUES, par Ernest Chesneau. Un volume in-18 de XII-336 pages . . . . 3 fr. 50

PUBLICATIONS DE LA SOCIÉTÉ DE L'HISTOIRE DE L'ART FRANÇAIS. (Envoi sur demande des statuts de la Société et du catalogue spécial des ouvrages publiés par elle.)

www.ingramcontent.com/pod-product-compliance
Ingram Content Group UK Ltd.
Pitfield, Milton Keynes, MK11 3LW, UK
UKHW022122260726
13993UKWH00003B/1176